Région de Mammoth Hot Springs

Parc national de Yellowstone

Anonyme

Writat

Cette édition parue en 2023

ISBN : 9789359258676

Publié par
Writat
email : info@writat.com

Région des sources chaudes
Parc national de Yellowstone

BIENVENUE aux *Mammoth Hot Spring Terraces, l'une des caractéristiques naturelles fascinantes de Yellowstone ! Il existe plusieurs façons de profiter des terrasses : parcourir les promenades en bois ou emprunter la route Upper Terrace Loop , par exemple. Vous souhaiterez peut-être vous rendre à la boucle Upper Terrace, déposer les membres de votre groupe, les laisser parcourir la promenade et les récupérer au parking inférieur. Les cartes de ce dépliant vous aideront à déterminer la meilleure façon de profiter des terrasses.*

Les Mammoth Terraces et les Hot Springs ont été officiellement découvertes par un groupe de l'US Geological Survey dirigé par le Dr Ferdinand Hayden en 1871. Cependant, certaines connaissances locales sur les Hot Spring Terraces et leur activité existaient avant cette époque.

Les Mammoth Hot Springs intéressent les gens depuis la création du parc national de Yellowstone, non seulement pour leur beauté saisissante mais aussi pour leur variabilité. Ces sources remarquables sont connues pour leur dépôt rapide, leurs déplacements imprévisibles et leur rajeunissement aléatoire. Ici, les forces actives de la géologie provoquent souvent des changements mesurables d'un jour à l'autre, et il est possible que des changements significatifs se soient produits depuis l'impression de cette brochure.

INGRÉDIENTS POUR L'ACTIVITÉ DES SOURCES CHAUDES

L'eau chaude, c'est la vie des terrasses. Sans cela, la croissance des terrasses cesse ; les formations deviennent grises et noires et commencent à s'effondrer. Généralement, les nombreuses sources chaudes jaillissent au hasard, coulent sur une courte distance, puis disparaissent dans une fissure ou une fissure plus en aval de la pente.

En recherchant autour de la région de Mammoth, d'anciens monticules de terrasses dormants peuvent être trouvés à plusieurs endroits. Bien qu'un déplacement fréquent semble avoir lieu, les enregistrements des dernières années indiquent que le débit total d'eau est resté assez constant à environ 500 gallons par minute.

L'eau souterraine est la source de l'écoulement à Mammoth Hot Springs. Il s'agit principalement d'infiltrations alimentées par la pluie et la neige tombant en hauteur sur les pentes de Terrace Mountain et dans les zones aussi au sud que le bassin Norris Geyser. Cette eau souterraine froide est chauffée avant de remonter à la surface par la chaleur montante de la chambre magmatique qui alimentait autrefois les violents volcans du passé de Yellowstone. Voir le schéma au verso de cette notice. La température de l'eau de ces sources atteint environ 170 F (73 C.)

Pourtant, un autre ingrédient est nécessaire à la croissance des terrasses : un matériau de construction de base. La matière première ici est le carbonate de calcium. Il est abondant sous Terrace Mountain sous forme d'épaisses couches de calcaire sédimentaire. Des couches de calcaire associées sont visibles sous forme d'affleurements sur la face du mont. Everts à travers l'étroite vallée à l'est.

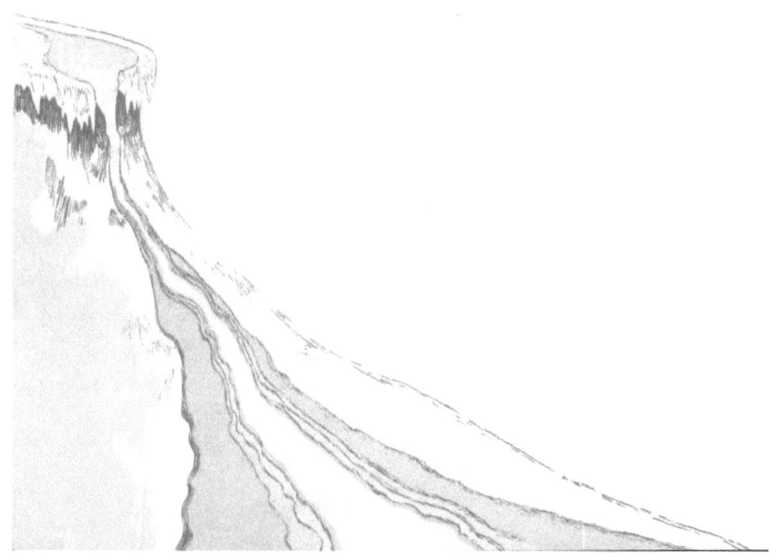

Différentes zones de température dans les canaux d'eau peignent des rubans de couleur algue.

Au fur et à mesure que l'eau souterraine s'infiltre lentement dans le calcaire, elle entre en contact avec des gaz chauds s'élevant de la chambre magmatique et fortement chargés de dioxyde de carbone. Une partie du dioxyde de carbone est facilement absorbée pour former une solution d'acide carbonique. Habituellement, l'eau ne peut dissoudre que lentement le calcaire, mais la solution chaude et acide en dissout rapidement de grandes quantités. Saturée de chaux, l'eau gazeuse continue de s'infiltrer le long des couches rocheuses jusqu'à jaillir sous le nom de Mammoth Hot Springs.

Une fois exposé à l'air libre, une partie du dioxyde de carbone s'échappe de la solution, réduisant ainsi le niveau d'acidité. Ce faisant, la chaux, ne pouvant plus rester en solution, se dépose sous forme de travertin en forme de terrasse.

En regardant les terrasses, vous pouvez visualiser la quantité de calcaire excavé. Les géologues estiment que l'eau de

Mammoth Hot Springs transporte chaque jour plus de deux tonnes de calcaire dissous à la surface du sol.

CHANGEMENT SUR LA TERRASSE MAMMOUTH

Les Mammoth Terraces sont en constante évolution. Si vous aviez visité la région dans les années 1930, vous auriez trouvé que Blue Spring, Cléopâtre et Angel Terraces étaient les principales attractions. Aujourd'hui, ils sont des ruines grises et sans vie, et des sources nouvellement nommées leur ont succédé. Tout au long des années 1970, les sources Jupiter et Minerva et certaines parties de Highland Terrace ont coulé librement, construisant des terrasses délicates et colorées. Ces bassins clairs, bordés de coquilles Saint-Jacques en travertin teinté d'algues, ont créé des spectacles connus dans le monde entier pour leur beauté. Les bassins étagés se forment en raison de la manière particulière dont le dioxyde de carbone s'échappe de l'eau de refroidissement. Dans les piscines tranquilles, l'évaporation est lente. Lorsque l'eau est agitée, le gaz s'échappe rapidement. À ces endroits, le travertin se dépose rapidement. Le bord des dépôts s'élève vers le haut pour former un barrage plus élevé, qui accentue encore davantage les deux zones. Le bord en travertin continue de croître jusqu'à ce que la pression de l'eau fasse éclater le barrage. Ensuite, le processus recommence à un niveau important du nouveau canal.

COULEUR DANS LES SOURCES CHAUDES

Le travertin se dépose sous forme de minéral blanc, mais chaque fois que de l'eau chaude scintille à sa surface, la formation est brillante de couleur. Les oranges, jaunes, verts et bruns proviennent d'un grand nombre de minuscules bactéries et algues vivantes. Environ soixante-cinq espèces d'algues thermales vivent dans les eaux de Mammoth Hot Springs et reflètent diverses conditions liées à des facteurs environnementaux tels que la température, l'acidité, la lumière du soleil et les concentrations de dioxyde de carbone. Les bactéries thermiques blanches et jaune vif prédominent dans la section la plus chaude des canaux de ruissellement à proximité des sources. Plus loin, là où l'eau s'est un peu refroidie, les algues oranges, brunes et vertes sont les plus abondantes. Différentes combinaisons de température et de dioxyde de carbone peignent des mosaïques de couleur algue sur les terrasses.

La majeure partie de la couleur provient du groupe connu sous le nom d'algues bleu-vert, qui affichent plus de couleurs que leur nom ne l'indique. Ces algues thermales sont extrêmement primitives et ont probablement peu changé par rapport à celles qui poussaient dans les sources chaudes à l'aube de la vie sur terre. Au milieu d'un bassin thermal de Yellowstone, par une journée torride , il est facile d'imaginer une région volcanique sur une terre primitive où les eaux thermales bouillonnaient à travers des brins colorés de ces mêmes types d'algues et de bactéries.

CARACTÉRISTIQUES PRINCIPALES DES TERRASSES INFÉRIEURES

TERRASSE OPALE

Opal Spring coule au pied de Capitol Hill, en face de Liberty Cap. Après des années de dormance, cette source est devenue active en 1926 et a commencé à déposer jusqu'à un pied de travertin par an. En 1947, un court de tennis fut supprimé pour permettre l'agrandissement naturel de la terrasse. La poursuite de la croissance menaçait la maison historique située à côté d'Opal. Conçue par Robert C. Reamer et construite en 1908, la maison est un exemple d'architecture de style Prairie. Parmi les autres créations de Reamer figurent le Old Faithful Inn et le Roosevelt Arch. Des sacs de sable et un mur de terre protègent aujourd'hui la maison. La mission du National Park Service est de protéger les ressources historiques et naturelles, qui entrent en conflit à Opal Terrace. Faut-il retenir la source ou supprimer la maison historique ?

CASQUETTE LIBERTÉ

Cette caractéristique marque l'extrémité nord de Mammoth Hot Springs. Il a été nommé en 1871 par le parti Hayden Survey en raison de sa ressemblance marquée avec les casquettes portées par les patriotes coloniaux pendant la guerre d'indépendance. Il s'agit aujourd'hui d'un cône de source chaude éteint. Sa surface extérieure est fraîche et sèche depuis de nombreuses années et abrite une communauté végétale très différente de celle trouvée dans les sources chaudes actives. Près du sommet se trouvent des parcelles de lichen orange qui sont les pionniers à l'œuvre pour briser la roche dans le sol, ouvrant la voie à d'autres plantes qui suivront dans le futur. VEUILLEZ RESTER SUR LE SENTIER car les intempéries ont détaché des fragments de roche qui peuvent tomber à tout moment.

RESSORT MINERVE

Minerva Spring est située au centre du groupe de terrasses inférieures et est facilement accessible par sentier depuis les différentes aires de stationnement. Cette source est une des préférées non seulement en raison de sa large gamme de couleurs vives, mais aussi pour ses formations de travertin ornées. Depuis les années 1890, lorsque les premiers enregistrements ont été tenus sur l'activité de Mammoth Hot Springs, Minerva a traversé une série de périodes actives et inactives. Pendant plusieurs années au début des années 1900, le climat était complètement sec, mais en 1951, il fut de nouveau rapporté que « Minerva est très active et c'est certainement la plus belle source ». Au cours du printemps des années 1970, l'activité a augmenté dans certains autres domaines, régénérant des tapis d'algues qui rivalisent désormais avec ceux trouvés à Minerva.

PRINTEMPS JUPITER

Jupiter Spring est située juste au sud de Minerva. Il a été nommé dans les années 1880 en raison de sa formation imposante et imposante. Jupiter était un dieu romain des éléments : la foudre était son signe et l'arc-en-ciel son messager. Si vous écoutez doucement, vous entendrez peut-être l'eau chaude déferler sur les terrasses de cet espace. L'arc-en-ciel d'algues recouvrant ses terrasses est évident.

VISITE AUTOMATIQUE DE LA TERRASSE SUPÉRIEURE

L'entrée de Mammoth Terrace Drive se trouve à 1,5 km au sud du Mammoth Visitor Center, sur la route de Norris. Cette visite panoramique en voiture s'étend sur un kilomètre et demi parmi plusieurs sources thermales actives et dispose de parkings pratiques le long de l'itinéraire où vous pouvez vous arrêter et vous familiariser davantage avec les caractéristiques. L'itinéraire est une route en boucle à sens unique et, en raison de plusieurs virages serrés , il est nécessaire d'exclure les unités de remorquage, les bus et les camping-cars de plus de 25 pieds de longueur. N'oubliez pas qu'une croûte mince et de l'eau très chaude rendent la prudence particulièrement importante lorsque vous êtes à proximité d'éléments thermiques.

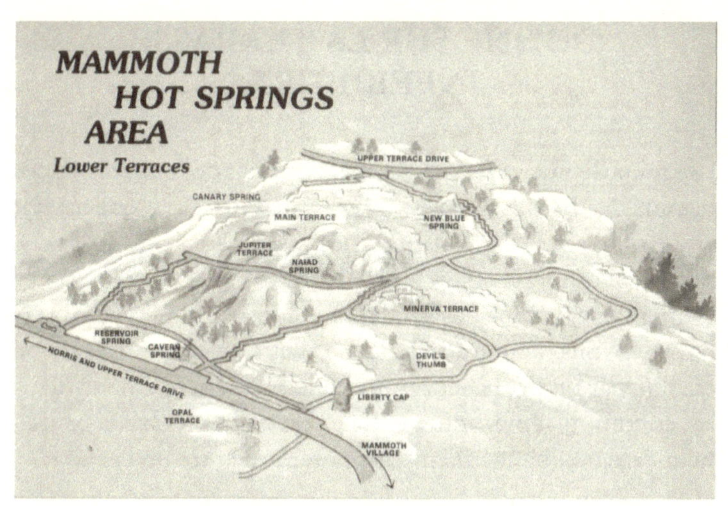

*ZONE DES SOURCES CHAUDES DE
MAMMOUTH*
Terrasses inférieures

PRINTEMPS CANARI

TERRASSE PRINCIPALE

NOUVEAU RESSORT BLEU

TERRASSE DE JUPITER

PRINTEMPS NAIADE

TERRASSE MINERVE

RESSORT DE RÉSERVOIR

RESSORT DE LA CAVERNE

LE POUCE DU DIABLE

CASQUETTE LIBERTÉ

TERRASSE OPALE

Allée de la terrasse supérieure

NORRIS ET TERRASSE SUPÉRIEURE

VILLAGE DE MAMMOUTH

DONNÉ SUR LA TERRASSE INFÉRIEURE

Ce point de vue offre un excellent aperçu des sources et des bassins des Basses Terrasses. La grande piscine bleue devant et à droite est Canary Spring. Les piscines visibles à gauche sont le complexe New Blue Springs. Les noms de ces éléments suggèrent des couleurs incompatibles avec ce que nous voyons aujourd'hui. La couleur des deux entités a changé par rapport à leur nom initial. Les changements dans les conditions environnementales peuvent en être la cause : peut-être un changement dans la température de l'eau.

Le sentier à gauche contourne New Blue Spring et descend par les terrasses jusqu'à Minerva Spring. À proximité de ce point, le sentier bifurque vers la droite vers Jupiter Spring et passe Minerva elle-même, ou vers la gauche vers Liberty Cap. Les deux itinéraires mènent à des aires de stationnement le long de la route inférieure.

Au-delà des terrasses, les bâtiments aux toits rouges sur la droite sont ceux du fort historique de Yellowstone, construit et occupé par la cavalerie américaine pendant son service ici de 1886 à 1918.

La communauté écologique de cette partie des terrasses supérieures mérite d'être soulignée. La teneur élevée en travertin pourri produit un sol poreux qui sèche rapidement. Par conséquent, la végétation est clairsemée et limitée aux espèces tolérantes à de telles conditions. Plusieurs variations peuvent être observées dans les communautés végétales à d'autres endroits le long de la route touristique. Quelles conditions environnementales pouvez-vous détecter qui pourraient influencer ces différences ?

NOUVEAU PRINTEMPS DES HIGHLANDS

L'activité a commencé à New Highland Spring en 1952. Le fort débit continu d'eau chargée en minéraux a provoqué un développement très rapide de cette belle terrasse. Avant cette époque, une végétation luxuriante d'arbres, d'arbustes et de fleurs couvrait ce flanc de colline. Les squelettes d'arbres engloutis par le travertin constituent des monuments des conditions antérieures.

À droite de New Highland se dresse encore une partie d'une couverture végétale dense poussant sur un versant exposé au nord. Le plus visible après une inspection minutieuse est la quantité de sous-bois, qui comprend une forte croissance de mousses. Quelles conditions de sol et d'humidité sont reflétées ici ? Pourquoi ce domaine serait-il si différent ?

RESSORT MOTULE ORANGE

L'orange vif de cette formation est un indice sur la température de son eau. De plus, le débit et la vitesse de dépôt sont très lents. Il pourrait s'ensuivre que, puisque nous n'avons aucune trace de cette source très active, ce petit monticule pourrait être considérablement plus ancien que ceux qui sont beaucoup plus grands.

LAC DE BAIN

Juste devant vous se trouve une colline courte mais très raide. Au bas de cette colline, à droite, se trouve le lac Bath, ainsi nommé par certains résidents locaux dans les années 1880. Étant une piscine calme, le dépôt de travertin se fait à un rythme lent et l'eau reste fortement minéralisée en calcaire. Selon les anciens registres, le lac Bath était entièrement à sec en 1926 et le resta jusqu'au tremblement de terre de 1959. Bien que le nom de cet élément dérive de l'habitude des soldats de s'y baigner, nous savons maintenant que cette activité endommage les bactéries et les algues qui font partie de ce que le parc existe pour préserver. Se baigner dans des sources thermales est également dangereux et illégal.

TERRASSE ARRIÈRE ÉLÉPHANT BLANC

Cette longue crête blanche est inhabituelle pour une terrasse de source chaude et ajoute une touche de fantaisie au lieu. Quelqu'un a dit que cela ressemblait à une file d'éléphants de cirque marchant sur les Mammoth Terraces. Prenez le temps de le regarder sous différents angles pour voir ce que vous en pensez !

La dernière section de Upper Terrace Drive traverse une zone boisée. Les cerfs mulets sont fréquemment observés ici, surtout en fin d'après-midi et en soirée.

La végétation forestière le long de cette section est dense même si elle est orientée vers le sud. Les caractéristiques thermiques de ce voisinage sont anciennes et inactives depuis de nombreuses années. Cela a permis une décomposition plus complète du travertin et une accumulation d'un sol plus lourd et plus riche. Ses propriétés de rétention d'humidité dépassent de loin celles du sol trouvé au Lower Terrace Overlook.

TERRASSE DES ANGES

Au bas de la colline à gauche se trouvent les ruines d'Angel Terrace. Les visiteurs des années 1920 et 1930 l'ont vu comme un bel élément teinté d'algues. Aujourd'hui, il commence à s'effriter et de jeunes plants pionniers prennent racine dans le sol mince qui recouvre sa surface.

Des altérations et des changements se produisent constamment dans les bassins thermaux et ajoutent au mystère de ce territoire fascinant. Ils n'apportent pas de destruction ni de perte, mais plutôt une nouvelle naissance et un gain. Qui sait quelles nouvelles fonctionnalités intéressantes pourraient se développer d'ici l'année prochaine ou dans cinq ans. Nous vous encourageons à revenir encore et encore pour profiter de cette scène en constante évolution.

Pour votre sécurité et la protection des éléments fragiles, VEUILLEZ RESTER SUR LES SENTIERS. Les animaux ne sont pas admis dans les sentiers, pour leur protection et la vôtre.

TÉLÉPHONE D'URGENCE 344-7381

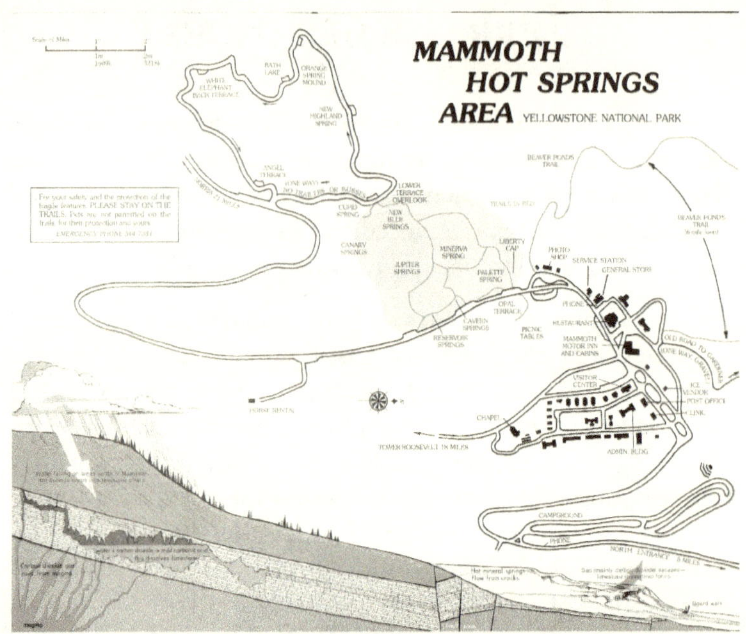

RÉGION DE MAMMOTH HOT SPRINGS
PARC NATIONAL DE YELLOWSTONE

TERRASSE ARRIÈRE ÉLÉPHANT BLANC

LAC DE BAIN

MONTICULE DE PRINTEMPS ORANGE

NOUVEAU PRINTEMPS DES HIGHLANDS

TERRASSE DES ANGES

PRINTEMPS DE CUPIDON

DONNÉ SUR LA TERRASSE INFÉRIEURE

NOUVEAUX RESSORTS BLEU

RESSORTS CANARIES

RESSORTS DE JUPITER

RESSORT MINERVE

RESSORT DE PALETTE

TERRASSE OPALE

RESSORTS DE CAVERNE

RESSORTS DE RÉSERVOIR

CASQUETTE LIBERTÉ

(SENS UNIQUE)

PAS DE REMORQUES NI DE BUS

NORRIS 21 MILLES

SENTIERS EN ROUGE

TABLES DE PIQUE-NIQUE

SENTIER DES ÉTANGS BEAVER (boucle de 6 milles)

BOUTIQUE PHOTO

STATION-SERVICE

MAGASIN GÉNÉRAL

TÉLÉPHONE

RESTAURANT

MAMMOTH MOTOR INN ET CABINES

OFFICE DE TOURISME

CHAPELLE

TOUR ROOSEVELT 18 MILLES

LOCATION DE CHEVAUX

ANCIENNE ROUTE VERS GARDINER (ONE WAY, GRAVIER)

VENDEUR DE GLACE

BUREAU DE POSTE

CLINIQUE

ADMIN. BLDG.

CAMPING

TÉLÉPHONE

L'eau tombant dans les zones situées au sud de Mammoth Hot Springs s'infiltre dans les strates calcaires.

eau + dioxyde de carbone $\rightarrow$ acide carbonique doux ; cela dissout le calcaire

Le dioxyde de carbone s'élève du magma.

magma

Des sources minérales chaudes jaillissent des fissures.

zone de faille

Du gaz (principalement du dioxyde de carbone) s'échappe : du calcaire (travertin) se forme

Promenade en planches
